M
P(

PEDRO SALINAS

Nacido en Madrid en 1891, estudió Derecho y Filosofía
y Letras. Fue lector en la Universidad de París entre 1914 y
1917, año en que se doctoró en Letras. Fue catedrático
de Lengua y Literatura española en las universidades de Sevilla
y Murcia. Después de viajar por toda Europa y el
norte de África, trabajó como lector de español en la
Universidad de Cambridge. En 1936, con el estallido de la
Guerra Civil, se marchó a Estados Unidos,
donde murió en 1951.
La obra poética de Pedro Salinas consta de nueve libros
escritos en tres etapas: *Presagios*, *Seguro azar* y *Fábula y signo*
(de 1923 a 1933); *La voz a ti debida*, *Razón de amor* y
Largo lamento (entre 1933 y 1938), y *El contemplado*,
Todo más claro y *Confianza* (en el decenio de 1940).
La presente selección recoge los mejores poemas
de uno de los líricos amorosos más importantes
del presente siglo.

PEDRO SALINAS

De amor

MONDADORI

© 1998, Grijalbo Mondadori, S.A., por la presente edición
© 1998 herederos de Pedro Salinas
Selección de Ángel García Galiano
Cubierta: Arnoldo Mondadori Editore

agosto 1998

ISBN: 84-397-0244-2
Depósito legal: M-27.580-1998
Impreso y encuadernado en Mateu Cromo
Artes Gráficas, S.A., Ctra. de Fuenlabrada, s/n.
Pinto (Madrid)

DE AMOR

¡Cuánto rato te he mirado
sin mirarte a ti, en la imagen
exacta e inaccesible
que te traiciona el espejo!
«Bésame», dices. Te beso,
y mientras te beso pienso
en lo fríos que serán
tus labios en el espejo.
«Toda el alma para ti»,
murmuras, pero en el pecho
siento un vacío que sólo
me lo llenará ese alma
que no me das.
El alma que se recata
con disfraz de claridades
en tu forma del espejo.

LA DIFÍCIL

En los extremos estás
de ti, por ellos te busco.
Amarte: ¡qué ir y venir
a ti misma de ti misma!
Para dar contigo, cerca
¡qué lejos habrá de ir!
Amor: distancias, vaivén
sin parar.
En medio del camino, nada.
No, tu voz no, tu silencio.
Redondo, terso, sin quiebra,
como aire, las preguntas
apenas le rizan,
como piedras, las preguntas
en el fondo se las guarda.
Superficie del silencio
y yo mirándome en ella.
Nada, tu silencio, sí.

O todo tu grito, sí.
Afilado en el callar,
acero, rayo, saeta,

rasgador, desgarrador,
¡qué exactitud repentina
rompiendo al mundo la entraña,
y el fondo del mundo arriba,
donde él llega, fugacísimo!
Todo, sí, tu grito, sí.

Pero tu voz no la quiero.

AMADA EXACTA

Tú aquí delante. Mirándote
yo. ¡Qué bodas
tuyas, mías, con lo exacto!

Si te marchas, ¡qué trabajo
pensar en ti que estás hecha
para la presencia pura!

Todo yo a recomponerte
con sólo recuerdos vagos:
te equivocaré la voz,
el cabello ¿cómo era?,
te pondré los ojos falsos.

Tu recuerdo eres tú misma.
Ahora ya puedo olvidarte
porque estás aquí, a mi lado.

Sí, por detrás de las gentes
te busco.
No en tu nombre, si lo dicen,
no en tu imagen, si la pintan.
Detrás, detrás, más allá.

Por detrás de ti te busco.
No en tu espejo, no en tu letra,
ni en tu alma.
Detrás, más allá.

También detrás, más atrás
de mí te busco. No eres
lo que yo siento de ti.
No eres
lo que me está palpitando
con sangre mía en las venas,
sin ser yo.
Detrás, más allá te busco.

Por encontrarte, dejar
de vivir en ti, y en mí,
y en los otros.
Vivir ya detrás de todo,
al otro lado de todo
–por encontrarte–,
como si fuese morir.

¡Si me llamaras, sí,
si me llamaras!

Lo dejaría todo,
todo lo tiraría:
los precios, los catálogos,
el azul del océano en los mapas,
los días y sus noches,
los telegramas viejos
y un amor.
Tú, que no eres mi amor,
¡si me llamaras!

Y aún espero tu voz:
telescopios abajo,
desde la estrella,
por espejos, por túneles,
por los años bisiestos
puede venir. No sé por dónde.
Desde el prodigio, siempre.
Porque si tú me llamas
–¡si me llamaras, sí, si me llamaras!–
será desde un milagro,
incógnito, sin verlo.

Nunca desde los labios que te beso,
nunca
desde la voz que dice: «No te vayas.»

Miedo. De ti. Quererte
es el más alto riesgo.
Múltiples, tú y tu vida.
Te tengo, a la de hoy;
ya la conozco, entro
por laberintos, fáciles
gracias a ti, a tu mano.
Y míos, ahora, sí.
Pero tú eres
tu propio más allá,
como la luz y el mundo:
días, noches, estíos,
inviernos sucediéndose.
Fatalmente, te mudas
sin dejar de ser tú,
en tu propia mudanza,
con la fidelidad
constante del cambiar.

Di: ¿podré yo vivir
en esos otros climas,
o futuros, o luces
que estás elaborando,
como su zumo el fruto,

para mañana tuyo?
¿O seré sólo algo
que nació para un día
tuyo (mi día eterno),
para una primavera
(en mí florida siempre),
sin poder vivir ya
cuando lleguen
sucesivas en ti,
inevitablemente,
las fuerzas y los vientos
nuevos, las otras lumbres,
que esperan ya el momento
de ser, en ti, tu vida?

Y súbita, de pronto,
porque sí, la alegría.
Sola, porque ella quiso,
vino. Tan vertical,
tan gracia inesperada,
tan dádiva caída,
que no puedo creer
que sea para mí.
Miro a mi alrededor,
busco. ¿De quién sería?
¿Será de aquella isla
escapada del mapa,
que pasó por mi lado
vestida de muchacha,
con espumas al cuello,
traje verde y un gran
salpicar de aventuras?
¿No se le habrá caído
a un tres, a un nueve, a un cinco
de este agosto que empieza?
¿O es la que vi temblar
detrás de la esperanza,
al fondo de una voz
que me decía: «No»?

Pero no importa, ya.
Conmigo está, me arrastra.
Me arranca del dudar.
Se sonríe, posible;
toma forma de besos,
de brazos, hacia mí;
pone cara de mía.
Me iré, me iré con ella
a amarnos, a vivir
temblando de futuro,
a sentirla de prisa,
segundos, siglos, siempres,
nadas. Y la querré
tanto, que cuando llegue
alguien
—y no se le verá,
no se le han de sentir
los pasos— a pedírmela
(es su dueño, era suya),
ella, cuando la lleven,
dócil, a su destino,
volverá la cabeza
mirándome. Y veré
que ahora sí es mía, ya.

Yo no necesito tiempo
para saber cómo eres:
conocerse es el relámpago.
¿Quién te va a ti a conocer
en lo que callas, o en esas
palabras con que lo callas?
El que te busque en la vida
que estás viviendo, no sabe
más que alusiones de ti,
pretextos donde te escondes.
Ir siguiéndote hacia atrás
en lo que tú has hecho, antes,
sumar acción con sonrisa,
años con nombres, será
ir perdiéndote. Yo no.
Te conocí en la tormenta.
Te conocí, repentina,
en ese desgarramiento brutal
de tiniebla y luz,
donde se revela el fondo
que escapa al día y la noche.
Te vi, me has visto, y ahora,
desnuda ya del equívoco,
de la historia, del pasado,

tú, amazona en la centella,
palpitante de recién
llegada sin esperarte,
eres tan antigua mía,
te conozco tan de tiempo,
que en tu amor cierro los ojos,
y camino sin errar,
a ciegas, sin pedir nada
a esa luz lenta y segura
con que se conocen letras
y formas y se echan cuentas
y se cree que se ve
quién eres tú, mi invisible.

¡Qué gran víspera el mundo!
No había nada hecho.
Ni materia, ni números,
ni astros, ni siglos, nada.
El carbón no era negro
ni la rosa era tierna.
Nada era nada, aún.
¡Qué inocencia creer
que fue el pasado de otros
y en otro tiempo, ya
irrevocable, siempre!
No, el pasado era nuestro:
no tenía ni nombre.
Podíamos llamarlo
a nuestro gusto: estrella,
colibrí, teorema,
en vez de así, «pasado»;
quitarle su veneno.
Un gran viento soplaba
hacia nosotros minas,
continentes, motores.
¿Minas de qué? Vacías.
Estaban aguardando
nuestro primer deseo,

para ser en seguida
de cobre, de amapolas.
Las ciudades, los puertos
flotaban sobre el mundo,
sin sitio todavía:
esperaban que tú
les dijeses: «Aquí»,
para lanzar los barcos,
las máquinas, las fiestas.
Máquinas impacientes
de sin destino, aún;
porque harían la luz
si tú se lo mandabas,
o las noches de otoño
si las querías tú.
Los verbos, indecisos,
te miraban los ojos
como los perros fieles,
trémulos. Tu mandato
iba a marcarles ya
sus rumbos, sus acciones.
¿Subir? Se estremecía
su energía ignorante.
¿Sería ir hacia arriba
«subir»? ¿E ir hacia dónde
sería «descender»?
Con mensajes a antípodas,

a luceros, tu orden
iba a darles conciencia
súbita de su ser,
de volar o arrastrarse.
El gran mundo vacío,
sin empleo, delante
de ti estaba: su impulso
se lo darías tú.
Y junto a ti, vacante,
por nacer, anheloso,
con los ojos cerrados,
preparado ya el cuerpo
para el dolor y el beso,
con la sangre en su sitio,
yo, esperando
—ay, si no me mirabas—
a que tú me quisieses
y me dijeras: «Ya.»

Para vivir no quiero
islas, palacios, torres.
¡Qué alegría más alta:
vivir en los pronombres!

Quítate ya los trajes,
las señas, los retratos;
yo no te quiero así,
disfrazada de otra,
hija siempre de algo.
Te quiero pura, libre,
irreductible: tú.
Sé que cuando te llame
entre todas las gentes
del mundo,
sólo tú serás tú.
Y cuando me preguntes
quién es el que te llama,
el que te quiere suya,
enterraré los nombres,
los rótulos, la historia.
Iré rompiendo todo
lo que encima me echaron
desde antes de nacer.

Y vuelto ya al anónimo
eterno del desnudo,
de la piedra, del mundo,
te diré:
«Yo te quiero, soy yo.»

Amor, amor, catástrofe.
¡Qué hundimiento del mundo!
Un gran horror a techos
quiebra columnas, tiempos;
los reemplaza por cielos
intemporales. Andas, ando
por entre escombros
de estíos y de inviernos
derrumbados. Se extinguen
las normas y los pesos.
Toda hacia atrás la vida
se va quitando siglos,
frenética, de encima;
desteje, galopando,
su curso, lento antes;
se desvive de ansia
de borrarse la historia,
de no ser más que el puro
anhelo de empezarse
otra vez. El futuro
se llama ayer. Ayer
oculto, secretísimo,
que se nos olvidó
y hay que reconquistar

con la sangre y el alma,
detrás de aquellos otros
ayeres conocidos.
¡Atrás y siempre atrás!
¡Retrocesos, en vértigo,
por dentro, hacia el mañana!
¡Que caiga todo! Ya
lo siento apenas. Vamos,
a fuerza de besar,
inventando las ruinas
del mundo, de la mano
tú y yo
por entre el gran fracaso
de la flor y del orden.
Y ya siento entre tactos,
entre abrazos, tu piel
que me entrega el retorno
al palpitar primero,
sin luz, antes del mundo,
total, sin forma, caos.

Qué alegría, vivir
sintiéndose vivido.
Rendirse
a la gran certidumbre, oscuramente,
de que otro ser, fuera de mí, muy lejos,
me está viviendo.
Que cuando los espejos, los espías,
azogues, almas cortas, aseguran
que estoy aquí, yo, inmóvil,
con los ojos cerrados y los labios,
negándome al amor
de la luz, de la flor y de los nombres,
la verdad trasvisible es que camino
sin mis pasos, con otros,
allá lejos, y allí
estoy besando flores, luces, hablo.
Que hay otro ser por el que miro el mundo
porque me está queriendo con sus ojos.
Que hay otra voz con la que digo cosas
no sospechadas por mi gran silencio;
y es que también me quiere con su voz.
La vida –¡qué transporte ya!–, ignorancia
de lo que son mis actos, que ella hace,
en que ella vive, doble, suya y mía.

Y cuando ella me hable
de un cielo oscuro, de un paisaje blanco,
recordaré
estrellas que no vi, que ella miraba,
y nieve que nevaba allá en su cielo.
Con la extraña delicia de acordarse
de haber tocado lo que no toqué
sino con esas manos que no alcanzo
a coger con las mías, tan distantes.
Y todo enajenado podrá el cuerpo
descansar, quieto, muerto ya. Morirse
en la alta confianza
de que este vivir mío no era sólo
mi vivir: era el nuestro. Y que me vive
otro ser por detrás de la no muerte.

El sueño es una larga
despedida de ti.
¡Qué gran vida contigo,
en pie, alerta en el sueño!
¡Dormir el mundo, el sol,
las hormigas, las horas,
todo, todo dormido,
en el sueño que duermo!
Menos tú, tú la única,
viva, sobrevivida,
en el sueño que sueño.

Pero sí, despedida:
voy a dejarte. Cerca,
la mañana prepara
toda su precisión
de rayos y de risas.
¡Afuera, afuera, ya,
lo soñado, flotante,
marchando sobre el mundo,
sin poderlo pisar
porque no tiene sitio,
desesperadamente!

Te abrazo por vez última:
eso es abrir los ojos.

Ya está. Las verticales
entran a trabajar,
sin un desmayo, en reglas.
Los colores ejercen
sus oficios de azul,
de rosa, verde, todos
a la hora en punto. El mundo
va a funcionar hoy bien:
me ha matado ya el sueño.
Te siento huir, ligera,
de la aurora, exactísima,
hacia arriba, buscando
la que no se ve estrella,
el desorden celeste,
que es sólo donde cabes.
Luego, cuando despierto,
no te conozco, casi,
cuando, a mi lado, tiendes
los brazos hacia mí
diciendo: «¿Qué soñaste?»
Y te contestaría:
«No sé, se me ha olvidado»,
si no estuviera ya
tu cuerpo limpio, exacto,
ofreciéndome en labios
el gran error del día.

Cuando cierras los ojos
tus párpados son aire.
Me arrebatan:
me voy contigo, adentro.

No se ve nada, no
se oye nada. Me sobran
los ojos y los labios,
en este mundo tuyo.
Para sentirte a ti
no sirven
los sentidos de siempre,
usados con los otros.
Hay que esperar los nuevos.
Se anda a tu lado
sordamente, en lo oscuro,
tropezando en acasos,
en vísperas; hundiéndose
hacia arriba
con un gran peso de alas.

Cuando vuelves a abrir
los ojos yo me vuelvo
afuera, ciego ya,
tropezando también,

sin ver, tampoco, aquí.
Sin saber más vivir
ni en el otro, en el tuyo,
ni en este
mundo descolorido
en donde yo vivía.
Inútil, desvalido
entre los dos.
Yendo, viniendo
de uno a otro
cuando tú quieres,
cuando abres, cuando cierras
los párpados, los ojos.

Horizontal, sí, te quiero.
Mírale la cara al cielo,
de cara. Déjate ya
de fingir un equilibrio
donde lloramos tú y yo.
Ríndete
a la gran verdad final,
a lo que has de ser conmigo,
tendida ya, paralela,
en la muerte o en el beso.
Horizontal es la noche
en el mar, gran masa trémula
sobre la tierra acostada,
vencida sobre la playa.
El estar de pie, mentira:
sólo correr o tenderse.
Y lo que tú y yo queremos
y el día –ya tan cansado
de estar con su luz, derecho–
es que nos llegue, viviendo
y con temblor de morir,
en lo más alto del beso,
ese quedarse rendidos
por el amor más ingrávido,

al peso de ser de tierra,
materia, carne de vida.
En la noche y la trasnoche,
y el amor y el trasamor,
ya cambiados
en horizontes finales,
tú y yo, de nosotros mismos.

Ayer te besé en los labios.
Te besé en los labios. Densos,
rojos. Fue un beso tan corto
que duró más que un relámpago,
que un milagro, más.

                El tiempo
después de dártelo
no lo quise para nada
ya, para nada
lo había querido antes.
Se empezó, se acabó en él.

Hoy estoy besando un beso;
estoy solo con mis labios.
Los pongo
no en tu boca, no, ya no
–¿adónde se me ha escapado?–
Los pongo
en el beso que te di
ayer, en las bocas juntas
del beso que se besaron.
Y dura este beso más
que el silencio, que la luz.
Porque ya no es una carne

35

ni una boca lo que beso,
que se escapa, que me huye.
No.
Te estoy besando más lejos.

La forma de querer tú
es dejarme que te quiera.
El sí con que te me rindes
es el silencio. Tus besos
son ofrecerme los labios
para que los bese yo.
Jamás palabras, abrazos,
me dirán que tú existías,
que me quisiste: jamás.
Me lo dicen hojas blancas,
mapas, augurios, teléfonos;
tú, no.
Y estoy abrazado a ti
sin preguntarte, de miedo
a que no sea verdad
que tú vives y me quieres.
Y estoy abrazado a ti
sin mirar y sin tocarte.
No vaya a ser que descubra
con preguntas, con caricias,
esa soledad inmensa
de quererte sólo yo.

Perdóname por ir así buscándote
tan torpemente, dentro
de ti.
Perdóname el dolor, alguna vez.
Es que quiero sacar
de ti tu mejor tú.
Ese que no te viste y que yo veo,
nadador por tu fondo, preciosísimo.
Y cogerlo
y tenerlo yo en alto como tiene
el árbol la luz última
que le ha encontrado al sol.
Y entonces tú
en su busca vendrías, a lo alto.
Para llegar a él
subida sobre ti, como te quiero,
tocando ya tan sólo a tu pasado
con las puntas rosadas de tus pies,
en tensión todo el cuerpo, ya ascendiendo
de ti a ti misma.

Y que a mi amor entonces, le conteste
la nueva criatura que tú eras.

Cuando tú me elegiste
–el amor eligió–
salí del gran anónimo
de todos, de la nada.
Hasta entonces
nunca era yo más alto
que las sierras del mundo.
Nunca bajé más hondo
de las profundidades
máximas señaladas
en las cartas marinas.
Y mi alegría estaba
triste, como lo están
esos relojes chicos,
sin brazo en que ceñirse
y sin cuerda, parados.
Pero al decirme: «tú»
–a mí, sí, a mí, entre todos–,
más alto ya que estrellas
o corales estuve.
Y mi gozo
se echó a rodar, prendido
a tu ser, en tu pulso.
Posesión tú me dabas

de mí, al dárteme tú.
Viví, vivo. ¿Hasta cuándo?
Sé que te volverás
atrás. Cuando te vayas
retornaré a ese sordo
mundo, sin diferencias,
del gramo, de la gota,
en el agua, en el peso.
Uno más seré yo
al tenerte de menos.
Y perderé mi nombre,
mi edad, mis señas, todo
perdido en mí, de mí.
Vuelto al osario inmenso
de los que no se han muerto
y ya no tienen nada
que morirse en la vida.

¿Las oyes cómo piden realidades,
ellas, desmelenadas, fieras,
ellas, las sombras que los dos forjamos
en este inmenso lecho de distancias?
Cansadas ya de infinitud, de tiempo
sin medida, de anónimo, heridas
por una gran nostalgia de materia,
piden límites, días, nombres.
No pueden
vivir así ya más: están al borde
del morir de las sombras, que es la nada.
Acude, ven, conmigo.
Tiende tus manos, tiéndeles tu cuerpo.
Los dos les buscaremos
un color, una fecha, un pecho, un sol.
Que descansen en ti, sé tú su carne.
Se calmará su enorme ansia errante,
mientras las estrechamos
ávidamente entre los cuerpos nuestros
donde encuentren su pasto y su reposo.
Se dormirán al fin en nuestro sueño
abrazado, abrazadas. Y así luego,
al separarnos, al nutrirnos sólo
de sombras, entre lejos,

ellas
tendrán recuerdos ya, tendrán pasado
de carne y hueso,
el tiempo que vivieron en nosotros.
Y su afanoso sueño
de sombras, otra vez, será el retorno
a esta corporeidad mortal y rosa
donde el amor inventa su infinito.

¿Serás, amor,
un largo adiós que no se acaba?
Vivir, desde el principio, es separarse.
En el primer encuentro
con la luz, con los labios,
el corazón percibe la congoja
de tener que estar ciego y sólo un día.
Amor es el retraso milagroso
de su término mismo:
es prolongar el hecho mágico,
de que uno y uno sean dos, en contra
de la primer condena de la vida.
Con los besos,
con la pena y el pecho se conquistan,
en afanosas lides, entre gozos
parecidos a juegos,
días, tierras, espacios fabulosos,
a la gran disyunción que está esperando,
hermana de la muerte o muerte misma.
Cada beso perfecto aparta el tiempo,
le echa hacia atrás, ensancha el mundo breve
donde puede besarse todavía.
Ni en el llegar, ni en el hallazgo
tiene el amor su cima:

es en la resistencia a separarse
en donde se le siente,
desnudo, altísimo, temblando.
Y la separación no es el momento
cuando brazos, o voces,
se despiden con señas materiales.
Es de antes, de después.
Si se estrechan las manos, si se abraza,
nunca es para apartarse,
es porque el alma ciegamente siente
que la forma posible de estar juntos
es una despedida larga, clara.
Y que lo más seguro es el adiós.

¿Acompañan las almas? ¿Se las siente?
¿O lo que te acompañan son dedales
minúsculos, de vidrio,
cárceles de las puntas, de las fugas,
rosadas, de los dedos?

¿Acompañan las ansias? ¿Y los «más»,
los «más», los «más» no te acompañan?
¿O tienes junto a ti sólo la música
tan mártir, destrozada
de chocar contra todas las esquinas
del mundo, la que tocan
desesperadamente, sin besar,
espectros, por la radio?

¿Acompañan las alas, o están lejos?
Y dime, ¿te acompaña
ese inmenso querer estar contigo
que se llama el amor o el telegrama?

¿O estás sola, sin otra compañía
que mirar muy despacio, con los ojos
arrasados de llanto, estampas viejas
de modas anticuadas, y sentirte desnuda,
sola, con tu desnudo prometido?

A esa, a la que yo quiero,
no es a la que se da rindiéndose,
a la que se entrega cayendo,
de fatiga, de peso muerto,
como el agua por ley de lluvia,
hacia abajo, presa segura
de la tumba vaga del suelo.
A esa, a la que yo quiero,
es a la que se entrega venciendo,
venciéndose,
desde su libertad saltando
por el ímpetu de la gana,
de la gana de amor, surtida,
surtidor, o garza volante,
o disparada –la saeta–
sobre su pena victoriosa,
hacia arriba, ganando el cielo.

No te detengas nunca
cuando quieras buscarme.
Si ves muros de agua,
anchos fosos de aire,
setos de piedra o tiempo,
guardia de voces, pasa.
Te espero con un ser
que no espera a los otros:
en donde yo te espero
sólo tú cabes. Nadie
puede encontrarse
allí conmigo sino
el cuerpo que te lleva,
como un milagro, en vilo.
Intacto, inajenable,
un gran espacio blanco,
azul, en mí, no acepta
más que los vuelos tuyos,
los pasos de tus pies;
no se verán en él
otras huellas jamás.
Si alguna vez me miras
como preso encerrado,
detrás de puertas,

entre cosas ajenas,
piensa en las torres altas,
en las trémulas cimas
del árbol, arraigado.
Las almas de las piedras
que abajo están sirviendo
aguardan en la punta
última de la torre.
Y ellos, pájaros, nubes,
no se engañan: dejando
que por abajo pisen
los hombres y los días,
se van arriba,
a la cima del árbol,
al tope de la torre,
seguros de que allí,
en las fronteras últimas
de su ser terrenal
es donde se consuman
los amores alegres,
las solitarias citas
de la carne y las alas.

Si la voz se sintiera con los ojos
¡ay, cómo te vería!
Tu voz tiene una luz que me ilumina,
luz del oír.
Al hablar
se encienden los espacios del sonido,
se le quiebra al silencio
la gran oscuridad que es. Tu palabra
tiene visos de albor, de aurora joven,
cada día, al venir a mí de nuevo.
Cuando afirmas,
un gozo cenital, un mediodía,
impera, ya sin arte de los ojos.
Noche no hay si me hablas por la noche.
Ni soledad, aquí solo en mi cuarto
si tu voz llega, tan sin cuerpo, leve.
Porque tu voz crea su cuerpo. Nacen
en el vacío espacio, innumerables,
las formas delicadas y posibles
del cuerpo de tu voz. Casi se engañan
los labios y los brazos que te buscan.
Y almas de labios, almas de los brazos,
buscan alrededor las, por tu voz
hechas nacer, divinas criaturas,

invento de tu hablar.
Y a la luz del oír, en ese ámbito
que los ojos no ven, todo radiante,
se besan por nosotros
los dos enamorados que no tienen
más día ni más noche
que tu voz estrellada, o que tu sol.

Cuando te digo: «alta»
no pienso en proporciones, en medidas:
incomparablemente te lo digo.
Alta la luz, el aire, el ave;
alta, tú, de otro modo.

En el nombre de «hermosa»
me descubro, al decírtelo,
una palabra extraña entre los labios.
Resplandeciente visión nueva
que estalla, explosión súbita,
haciendo mil pedazos,
de cristal, humo, mármol,
la palabra «hermosura» de los hombres.

Al decirte a ti: «única»,
no es porque no haya otras
rosas junto a las rosas,
olivas muchas en el árbol, no.
Es porque te vi sólo
al verte a ti. Porque te veo ahora
mientras no te me quites del amor.
Porque no te veré ya nunca más
el día que te vayas,
tú.

Ahora te quiero,
como el mar quiere a su agua:
desde fuera, por arriba,
haciéndose sin parar
con ella tormentas, fugas,
albergues, descansos, calmas.
¡Qué frenesíes, quererte!
¡Qué entusiasmo de olas altas,
y qué desmayos de espuma
van y vienen! Un tropel
de formas, hechas, deshechas,
galopan desmelenadas.
Pero detrás de sus flancos
está soñándose un sueño
de otra forma más profunda
de querer, que está allá abajo:
de no ser ya movimiento,
de acabar este vaivén,
este ir y venir, de cielos
a abismos, de hallar por fin
la inmóvil flor sin otoño
de un quererse quieto, quieto.
Más allá de ola y espuma
el querer busca su fondo.

Esa hondura donde el mar
hizo la paz con su agua
y están queriéndose ya
sin signo, sin movimiento.
Amor
tan sepultado en su ser,
tan entregado, tan quieto,
que nuestro querer en vida
se sintiese
seguro de no acabar
cuando terminan los besos,
las miradas, las señales.
Tan cierto de no morir
como está
el gran amor de los muertos.

PAREJA, ESPECTRO

Nunca agradeceremos
bastante a tu belleza
el habernos salvado
otra vez del diluvio:
cuando el agua subía
en el hervor terrible
de la primera cólera del mundo,
y tú en tu mano abierta
nos pusiste a los dos,
a ti y a mí, y alzándola
hasta cerca del cielo,
donde nunca ha llovido,
escapamos en ella
del amargo torrente
de cristal y pecados
en que tantos hermanos nuestros
    perecieron.

Nunca agradeceremos
bastante a tu belleza
un acto incomparable:
poder pisar la nieve.
Yo miraba asombrado

la blancura hecha mundo,
al despertar un día.
¿Quién, quién iba a atreverse
a pisar sobre ella
sin tener esas alas
con que nada se pisa?
Me cogiste la mano,
subimos a los últimos
pisos del arrebato.
Al volver cuatro huellas
sobre lo blanco hay.
¿Las nuestras? Imposible,
no anduvimos. Sí, nuestras.
Poner allí la planta,
es nuevo, nuevo, nuevo.
En nada se parece
a ponerla en la arena,
blanda como el cadáver
fatal de las promesas.
Ni a ponerla, lo mismo
que la pone el amor,
–inevitablemente,
porque su suelo es ése–,
en el pecho de un hombre,
sabiendo que lo ahoga.
Es igual que ir pisando
por el suelo del aire.

Y se sienten crujidos
tan dulces como en besos,
o en las sedas antiguas,
o en la fresa
que se deshace románticamente en la boca,
hacia el seis o el siete de mayo.

Nunca agradeceremos
bastante a tu belleza
el ofrecerme té a las cuatro, presentándome
a aquella dama interesante
que estaba retratada en un Museo
por un pintor abstracto,
y que me confesó
inclinando los ojos a la alfombra
persa del XVIII,
que nuestras almas iban
a entenderse muy pronto
y sin error alguno, gracias a...
(No me acuerdo de qué. ¿Gracias a qué, sería...?)
Teníamos los dos
rodajas de limón en el té. Y fue por eso
por lo que hablamos de los círculos dantescos,
escapando a la pena
de ser tan actuales
que la tarde de otoño y los relojes
destilaban desde los cielos y pulseras.

Nunca agradeceremos
bastante a tu belleza
el haber libertado a Dafne,
después de tantos siglos de ser verde,
para suplir la falta de los pájaros.
(Habían huido todos al fondo de tus ojos
dejando al mundo
sin otro aletear que tus miradas.)
Y como siempre necesita el aire
tener algo que vuele por sus ámbitos
tú, comprendiendo el parecido
entre alas y follaje,
volar hiciste todas las hojas, por parejas,
igual que pájaros sin cuerpo, repoblando
los aires de averío;
y sin perder las alas trémulas en tus ojos
diste al viento el temblor que necesita.
Por lo cual ese año
las hojas no pasaron de lo verde.
Ni hubo una sola que cayera al suelo,
a mendigar melancolías.
Y nadie se dio cuenta del otoño.

Nunca agradeceremos
bastante a tu belleza
la rotura de los termómetros
cuando el azogue se volvió tan loco

allí en sus venas transparentes
que el corazón del mundo, su calor
se podía romper de latir tanto.
Tú me enseñaste con paciencia inmensa
a contar hasta el fin, del dos al tres,
del tres al cuatro, aquella tarde triste
cuando ya no teníamos qué decirnos y tú
empezando a contar correlativamente,
uno, dos, tres, cuatro, cinco...
descubriste los términos
de todo lo numérico,
el vacío del número. Y entonces
se abolió el gran dolor, la eterna duda
de saber si es que somos dos o uno;
uno queriendo ser dos, o lo contrario, dos,
que atraviesan por pruebas
arduas, como quererse o enlazarse,
en busca de ser uno, sólo uno.
Fácilmente comprendes la importancia
de haber traspuesto el numeral tormento
perdiéndonos, del todo y para siempre,
en esa selva virgen tan hermosa:
la imposibilidad de distinguirse.
En la cual no penetra nunca
ese rayo del «tú» y del «yo»,
del «me quieres» y del «te quiero»;
todo el dolor de la primera y la segunda

persona, que separa
a dos personas para siempre
en las gramáticas y el mundo.

Y, sobre todo, nunca,
nunca agradeceremos
bastante a tu belleza
el habernos librado
de tu misma belleza, del terrible
influjo que podía haber tenido
sobre la calma de los mares, sobre Troya,
y sobre algunos pasos míos en la tierra.
Por eso ahora podemos
andar despacio por las calles
por donde todo el mundo corre,
sin que nadie se fije en que existimos.
Y al vernos, al pasar, en los cristales
de los escaparates, dos imágenes
tan parecidas a lo que querríamos
ser nosotros, sentir que nos gustamos,
así, cual dos artículos de lujo,
que se pueden comprar.
Y entrar en esa tienda
diciendo al dependiente en voz muy baja,
igual que a un confesor: «Queremos esa
mujer, y el hombre ese
que están ahí, en el escaparate.»

Y cuando nos responda atentamente:
«Aquí vendemos sólo catecismos y radios»,
comprender, sonriendo, nuestro error,
comprar un aparato de ocho lámparas,
un catecismo, e irnos en seguida
a casa, –si no se nos olvida dónde estaba–,
a buscar, hacia atrás, desde el jardín primero,
por la radio del tiempo
otros dúos de sombras:
de aquellos que empezaron nuestro canto.
Y si aún se rezagara alguna duda
en tu alma o en la mía,
el catecismo lo contesta todo,
con palabras más viejas que monedas,
que tú me lees, sin mover los labios:
«Mundo, demonio, carne... Fe, esperanza...»
Y pasamos la noche,
tranquilos, distraídos
de tu inmensa belleza.
Como si tú no la llevaras
encima, fatalmente, sin descanso.
Como si no estuvieran esperándola
las blancas superficies de una cama,
o las almas, –más blancas–, de unos ángeles
donde sueles dormir algunas veces,
mientras que yo te miro, despierto, desde el mundo.

ETERNA PRESENCIA

No importa que no te tenga,
no importa que no te vea.
Antes te abrazaba,
antes te miraba,
te buscaba toda,
te quería entera.
Hoy ya no les pido,
ni a manos ni a ojos,
las últimas pruebas.
Estar a mi lado
te pedía antes;
sí, junto a mí, sí,
sí, pero allí fuera.
Y me contentaba
sentir que tus manos
me daban tus manos,
sentir que a mis ojos
les dabas presencia.
Lo que ahora te pido
es más, mucho más,
que beso o mirada:
es que estés más cerca

de mí mismo, dentro.
Como el viento está
invisible, dando
su vida a la vela.
Como está la luz
quieta, fija, inmóvil,
sirviendo de centro
que nunca vacila
al trémulo cuerpo
de llama que tiembla.
Como está la estrella,
presente y segura,
sin voz y sin tacto,
en el pecho abierto,
sereno, del lago.
Lo que yo te pido
es sólo que seas
alma de mi ánima,
sangre de mi sangre
dentro de las venas.
Es que estés en mí
como el corazón
mío que jamás
veré, tocaré,
y cuyos latidos
no se cansan nunca
de darme mi vida

hasta que me muera.
Como el esqueleto,
el secreto hondo
de mi ser, que sólo
me verá la tierra,
pero que en el mundo
es el que se encarga
de llevar mi peso
de carne y de sueño,
de gozo y de pena
misteriosamente
sin que haya unos ojos
que jamás le vean.
Lo que yo te pido
es que la corpórea
pasajera ausencia
no nos sea olvido,
ni fuga, ni falta:
sino que me sea
posesión total
del alma lejana,
eterna presencia.

[COMO YA NO ME QUIERES DESDE AYER]

Como ya no me quieres desde ayer,
la memoria esta noche,
igual que mano torpe
toda llena de ruedas diminutas,
cuando quiere arreglar algún reló,
repasa los recuerdos
de cosas que yo hice
por ganarme tu amor, y fracasaron.

Te he dado el fuego, sí.
Era un salón en donde varias gentes
disimuladas tras los antifaces
que los rostros se ponen en los rostros
en cuanto que se encuentran dos personas,
decían unas frases
tan refinadas sobre el mundo
que el suelo se quedó todo sembrado
de menudos cristales o esperanzas.
Y como lo sabían todo, todo,
gracias
a los trajes de moda, a las ideas,
y a la complicación de los cócteles,

64

las almas más desnudas que allí había
corrieron a esconderse
al último rincón con la vergüenza
de mariposas de un estilo viejo.
Entonces tú miraste
alrededor desesperada, en busca
de una nube o de un humo
que abrigara tu fuga hacia la fe.
Y yo que me enteré por un espejo
que vino a susurrármelo al oído,
acercándome a ti, que sostenías
en dedos temblorosos un cilindro
donde estaban escritas misteriosas
palabras, como «Abdulla» o «Philip Morris»,
te dije con el aire indiferente
en que toda tragedia se eterniza:
«¿Quiere usted lumbre?» Y te encendí el cigarro,
en cuya nube de humo fuiste al cielo.
¿Cómo olvidar que yo te he dado fuego?

También te di una tarde casi nada.
Estábamos callándonos, sentados
junto al lago de plata; y unas sombras
de vuelos de aves altas, por el agua
cruzándose con luces que volaban
también desde unos ojos a otros ojos
proyectando futuros, nos tejieron

en el aire de octubre, como hilos,
una trama, tan leve, que de puro
sutil resistiría
a la mortalidad y a sus intentos,
igual que se resiste el incorpóreo
tejido celestial, obra de ángeles.
(El aire nunca muere, no lo olvides.)
Y entonces yo corrí
a una gruta que es toda estalactitas
y te compré un pañuelo cuyo encaje
fuese tan parecido a aquello que veíamos,
como lo es nuestra vida
en que imposible amor con imposible
amor se cruzan, anudando siempre
las noches a los días,
sin que nadie lo note, por el aire.
Te regalé un pañuelo
casi tan liberado de materia
que si alguna vez lloras
sobre un fondo de nieve y hojas secas,
nunca acepta las lágrimas
y no permite huella,
por ser tan casi nada, a las angustias.
¿No pesa ya ese lienzo en tu memoria?

Otra tarde sentiste la inminencia
ya de la primavera que venía

en rápidos trineos, marzo abajo,
a las tiendas de flores a exhibirse
y a algunos pechos donde no la vieran.
¡Y no tenías tú dónde ponerla!
Me mandaste un aviso por telégrafo
diciéndome: «¿Qué haré con tanta luz,
con tantas flechas y con tantos mayos,
que se vienen derechos hacia mí,
y que ya no me caben en el pecho,
porque ya está muy lleno con lo tuyo?»
Yo te ofrecí cristal sin forma,
agua, cristal o luz, no sé qué era,
y tú, jugando con los dedos
de pronto te encontraste con un vaso
ancho y abierto, en donde te cabría
casi lo mismo que en un pecho humano.
Por eso
hoy estás tan tranquila, allí en tu casa,
descansando los ojos
en verdes, en azules, amarillos,
que el cristal te recoge: primavera
ya, tan sin duda, tuya,
que cuando tú la miras
te parece que a ti te estás mirando
y que tienes el alma, antes dudosa
de poder sujetarse,
además de en tu pecho, en un cristal,

representada en rosa o alhelí,
y por siempre segura de su sitio.

También te acordarás de aquella tarde
en que sentiste un frío repentino,
aunque estábamos juntos,
por la Sexta Avenida.
Tomamos ascensores rapidísimos
como un alma que va derecha al cielo.
Pero todas las camas o las nubes
que había en el camino estaban ya
ocupadas por ángeles durmientes
o por espectros de Abelardos y Eloísas.
Y entonces yo no tuve más remedio
que ofrecerte
todo lo que un ser lleva
en sí para que en ello se repose
el otro ser cansado: una promesa
firme y horizontal donde nos cabe
mejor que en lecho alguno todo el cuerpo.
Y ese calor que baja
desde los ojos sin cesar,
cuando se mira al ser que más queremos
y se le abriga tan maternalmente
cual si fuera una carne que comienza.
Y te estuve arropando,
toda la noche fría, con miradas

que tú nunca sentiste
mas que como una ausencia, ya del viento
y de la soledad que te angustiaron.
Y las has olvidado, porque nadie,
con una ingratitud común a todos,
se acuerda a la mañana
de las telas que el cuerpo nos guardaron,
ni de los ojos que mientras se duerme
nos miran y nos miran anhelando
salvarnos de los fríos más futuros.

¿Cuántos libros sueles comprar al año?   …

¿Dónde has adquirido este libro?
☐ Librería ☐ Quiosco ☐ Grandes superficies ☐ Otros

¿Cómo has conocido la colección?
☐ TV   ☐ Prensa   ☐ Amigos
☐ Librería ☐ Quiosco   ☐ Otros   …

¿Te gusta la portada de los libros?   ☐ Sí ☐ No
¿Te gusta el formato de los libros?   ☐ Sí ☐ No

Indica cuál de estos factores te ha influido más a la hora
de comprar el libro:
☐ Precio ☐ Autor ☐ Contenido ☐ Presentación

¿Has comprado otros títulos de la colección?
☐ Sí   ☐ No   ¿Cuántos?   …

☐ Hombre   ☐ Mujer

Edad:
☐ 13-17   ☐ 18-24   ☐ 25-34
☐ 35-44   ☐ 45-54   ☐ más de 54

Estudios:
☐ Primarios   ☐ Secundarios   ☐ Universitarios

Si deseas recibir más información sobre esta colección, envíanos tus datos a **Mondadori**, calle Aragón, 385, 08013 Barcelona.

Apellidos _____ Nombre _____

Calle _____ nº ____ piso ____

Población _____ c.p. _____

Provincia _____

Los datos recogidos en este cuestionario son confidenciales. Tienes derecho a acceder a ellos para actualizarlos o anularlos.